ABOIO

Ossada Perpétua

Anna Kuzminska

coleção
SARGAÇO

Ossada Perpétua

Anna Kuzminska

ABOIO

coleção
SARGAÇO

EDIÇÃO
Leopoldo Cavalcante

ASSISTÊNCIA EDITORIAL
Luísa Maria Machado Porto

REVISÃO
Marcela Roldão

DIREÇÃO DE ARTE
Victor Prado

ABOIO

para Ricardo Kuzminski Rizzon

No início,

essa ossada tinha outro nome, outras páginas, outra densidade. Em segredo, cultivei por madrugadas, isolado num quarto de hotel, as raízes deste livro.

Editar os textos de Anna, quase dois anos depois, foi voltar praquele quarto de hotel, tão próximo do apartamento em que cresci, e tão distante.

Naquele momento, revisava um amontoado de prosas e poemas que Anna havia deixado intacto pela Internet. Enquanto catava as migalhas dela, a saúde do meu pai oscilava.

Paradoxalmente, editar o livro me ajudava a fugir da inquietação de imaginar meu pai numa maca, batalhando contra a covid-19. "O objetivo é nunca usar a palavra 'quarentena'", Anna tergiversa num dos primeiros diários.

E eu compraria a brincadeira até o fim, não fosse o peso da realidade.

Dividido em partes desiguais, "Ossada Perpétua" tateia um tipo peculiar de luto. A ausência dita comportamentos, o passado está eivado nas entranhas do vivos, mas a existência segue um compasso de normalidade.

As personagens de Anna parecem sempre querer fugir da realidade (ou do sonho) por meio do falatório vazio, do silêncio transfigurado em nota musical, da recusa do conforto fraternal, e, às vezes, da arte.

O jogo que se trava entre os desejos e as crenças das personagens é confrontado pelo insólito de desenterrar um pai sem túmulo, ou pela aprendizagem dos limites e transgressões durante a infância.

Anna circula Deus e o amor, as memórias germinando desejos, o cotidiano da morte, o avesso da morte, a negação da morte, a recusa da morte.

Intercalando os contos, fragmentos dos diários de quarentena que Anna compartilhava numa página pessoal até o dia em que cansou. Esses, guardei. Diferentemente das outras migalhas que estavam fora do alcance da autora destruir, esses eu pressentia que teriam vida breve. Dos que guardei, peneiramos, eu e ela, os que caberiam nessas ossadas.

A seleção ocorreu também com os poemas, gênero ambíguo na vida de Anna. Lembro-me do diário do dia dezessete do dez. Um poema é recitado pra abrir a sessão de terapia. Depois, a narradora sugere que todas as sessões deveriam começar com um poema. Mas "por favor, não", escreve, entre parênteses.

Não sei bem. Acho que a poesia faz as vezes de âncoras sentimentais pra Anna. Nos momentos em que a linguagem da prosa não der conta da vida, ou em que a realidade seja pesada demais pra ser tratada diretamente, ou algo no meio do caminho, abrace um poema.

Editar essas ossadas foi minha maneira de lidar com a possibilidade de meu pai morrer.

Agora, quase dois anos depois, Anna me conta que lançar ao mundo esse livro é a forma dela se despedir do próprio pai. De parar de mexer na cova. De deixá-lo morrer.

Enviei a primeira versão do livro pra gráfica no dia em que meu pai, esquelético, saiu do hospital.

Hoje, penso que editar esse livro foi minha forma de reinseri-lo à vida.

E agradeço à Anna pela ajuda.

Leopoldo Cavalcante é editor da Aboio.

Morremos sempre.
O que nos mata
São as coisas nascendo:
Hastes e raízes inventadas

Hilda Hilst

Ossada Perpétua

*não há tributo mais pesado que o
da morte, e, contudo, todos o pagam,
e ninguém se queixa, porque é
tributo de todos.*

— Pde. Antonio Vieira,
*Sermão proferido na
Igreja das Chagas/Lisboa*, 1642

1

Não lembro onde enterraram meu pai.

Parecia besteira — vou lá perturbar? não vou —, até que a mãe pediu para exumá-lo.
Quinta-feira, no sítio.
É que ela teve um sonho.
Pediu pro Arturo ligar pro Albertinho. Albertinho ligou pra mim.

— Ciça, a mãe quer ver a gente.
— Ué. Por quê?
— Não sei.
— Não perguntou?
— Perguntei. Era Arturo.

Eu liguei pro Rafa. Rafa pediu carona. Quinta pela manhã fui buscá-lo na rodoviária. Ele continuava o mesmo: cansado, tímido e aleatório. Quis saber de mim, mas não há o que saber. Perguntei da viagem.

— Um cara pegou no meu pau.
— Hein?
— Um cara. Sentou do meu lado e pegou no meu pau.
— E o que você fez?
— Nada.
— Nada?
— Pedi pra ele tirar a mão. Aí ele tirou.
— Ah... Bom.

Chegamos antes de Albertinho.
Arturo angustiado na varanda.
Envelhecera.
A mãe lá dentro cantando Alceu Valença.
Pensei algo terrível.

— Ela não tá morrendo não, né?

Está mais saudável e lúcida que todos nós juntos.
Lamentou minha namorada e a filha que Rafa abandonou.
Engordou, até.
Mas não quis dizer o porquê daquilo. Não ainda. Não agora. Não antes de vermos como o pomar estava enorme e lindo.

— Pega umas laranjas pra fazer suco.

O pomar que cultiva só por cultivar, só pelo prazer de ver dar fruto, e a piscina que limpa só por limpar, porque não há quem use, e os filhos que criou para que fossem decentes, e nada mais espera deles, porque as coisas se realizam na possibilidade e querer mais que isso é corruptivo à sua natureza.

— E uns limões também, Ciça.

Que nos convocasse para qualquer papel que não aquele, que vínhamos exercendo há uma média de três décadas, era, portanto, apavorante.

— E jabuticaba, gosta?

Só que o direito de entrar em pânico já havia sido reclamado quando nasci. E Albertinho apareceu com Pipo.
Pipo é um imbecil, como todo labrador, mais ainda por ser velho e gordo, mas Arturo tem medo de cachorro.

Tivemos que prendê-lo no galinheiro desgalinhado.
Não sem alguma discussão.

(MÃE: deixa ele solto.
ALBERTINHO: tenho medo de que ele vá pr'olho d'água.
MÃE: ele mal consegue andar.
EU: trancar cachorro velho é uma covardia.
ARTURO: cachorro velho não obedece o dono.
MÃE: que besteirol.)

Só que Pipo não pode mais ficar sozinho por muito tempo.
Tenta se matar.
E a esposa de Albertinho também.
E ele também.
— O que houve, afinal?
E todos nós, suspeito, desde que meu pai morreu.

2

— Tive um sonho.

Era um sonho frequente, na verdade.
Sentamo-nos à cozinha para ouvi-lo. A mãe serviu café fresco coado no pano e lá fora estava molhado.
Em tempos melhores, eu jogava terra úmida em Albertinho e ele entrava em casa chorando e sujando o chão.

— Sonhei com o pai de vocês.

Arturo quase sempre limpava tudo a tempo, e Rafa levava a culpa.
Albertinho me perdoava.
Ficava tudo bem.
Não tinha por que não ficar.
Até que a mãe se metesse.

O SONHO

Seu pai me chama. Repete o meu nome, incansavelmente, então parece que eu acordo, mas continuo sonhando, e estou ali, perto da figueira. Não o vejo, só escuto sua voz, que continua falando comigo, e parece vir de dentro da figueira. Ele pede socorro, diz que tá desesperado. Me ajuda, meu amor, me ajuda. Me tira daqui. Mas eu não consigo me mexer. Eu não consigo dizer nada. Eu só consigo escutá-lo. Me ajuda, me ajuda, me ajuda. Então acordo.

E esperamos.
Uma porta batendo, a chuva, uma ordem que delimitasse o fim.
Só que a mãe não diz mais nada.
Eu tomei a iniciativa.

— Tirar ele de onde?
— De onde ele está.
— Onde ele está?

Estupidez.
As respostas óbvias são as únicas respostas.

— Eu acho que o seu pai está sofrendo muito pra fazer a passagem. Ele não quer ficar longe da gente.

Fomos a dois centros espíritas desde sua morte, eu e a mãe.
Um era kardecista, o outro umbandista.
No kardecista, recebemos um comunicado espiritual: ele está muito atordoado ainda, mas estamos fazendo o possível para que sua estadia seja a mais tranquila possível.
No umbandista, disseram que a mãe precisava ouvir mais o que lhe diziam aqueles que estavam com ela.
Desde então, ela tenta.
Demais, até.

Arturo sofre, mas nos pede paciência. É o compreensivo:

— E o que a gente pode fazer, mamãe?

Rafa e Albertinho são pacóvios.
Um, por nunca ter aprendido a viver; o outro, por achar que a vida é obediência:

— O que você quer que a gente faça?

Porque a mãe não sabe de tudo, e também nunca fez questão de dizer o contrário.
Mas que coisa terrível, para um filho, ter que descobrir sozinho o que é verdadeiro no mundo.
Já eu puxei ao meu pai, que expressa suas discordâncias mesmo depois de morto. Com sorte, nos confundem por autênticos.

— O que você tá pensando?

A INTERPRETAÇÃO

Nunca quis enterrar teu pai lá. Nós conversamos muito sobre isso. Íamos ver como faz com a justiça, só que não deu tempo, e vocês estavam longe, Arturo acabou resolvendo tudo sozinho. Eu não conseguia pensar, e ia fazer o quê? Mandar esperar? Agora ele tá me cobrando.

E como quando precisou nos dizer que estava morto, deixou para que o concluíssemos sozinhos.

3

A autoridade é uma invenção.
    Assim, pois, a culpa; assim, pois, a vergonha; assim, pois, o vilipêndio.

    Mas é claro que me opus.
    E Arturo ficou roxo.
    E Rafa se encolheu na cadeira, como se tivesse 10 anos e a mãe o pusesse de castigo.
    Só Albertinho não reagiu, porque se contenta com a lógica mínima, com o improvável possível.
    Para ele fez algum sentido, e se fez algum sentido para ele deveria fazer para nós também.

    Discutimos.

    Internar a mãe me parecia muito mais congruente. Arturo se ofendeu por ela. Rafa não queria voltar pra prisão. E a justiça? É um absurdo. Os mortos não sentem. Mas Albertinho entendia. Na Indonésia tiram os cadáveres da tumba pra festejar.
    Mas é absurdo.
    E se for verdade.
    Ainda é absurdo.
    Rafa fica no carro.
    Não é esse o problema.
    Ninguém nem liga pro cemitério, olha a cidade como tá.
    Não é esse o problema.
    A mãe tava falando sério.
    A mãe tá louca.

A mãe tá tomando os remédios.
Rafa começou a tremer.
Como que vai trazer pra cá, putrefato, tem nem dois anos, tem carne ainda.
Rafa vomitou.
Mas a mãe pediu.
A mãe surtou.
E se for verdade.
A mãe não é da Indonésia. Que se foda a Indonésia.
E se for verdade.
Que se foda.
Pipo tá se enforcando.
Rafa entrou em pânico.

A mãe pediu pra gente ficar pra jantar.

4

Tive que ligar para minha namorada e dizer que não iríamos mais à casa de sua irmã. Que tinha acontecido algo. Que era melhor que não soubesse. Que não tinha certeza de quando ia voltar.

Ela expressou uma preocupação pouco convincente. Um ok que autorizava e desprezava tudo.

Jantamos eu, meus irmãos e a mãe no mesão da varanda, para ficar de olho em Pipo.

Luzes fracas e mariposas.

Ninguém falou.

Estranhamente, éramos felizes — ali. Assim. Solitários. Esquisitos.

Eu e Rafa resolvemos que era melhor pernoitar que desbravar o breu. A mãe insistiu para que Albertinho também ficasse, mas sua esposa, e suas filhas, e o cachorro...

Foi-se.

Voltaria de manhã.

Arturo ajeitou nossos antigos quartos.

Nada mais era nosso.

Adormeci pensando na vida que levávamos no Rio, de onde saíram todas aquelas caixas e quinquilharias que o cômodo agora estocava.

E tive um sonho.

Eu desenterrava todos os corpos do cemitério e não achava meu pai.

5

O rabecão ia à frente.
Era uma manhã insensivelmente bonita.
Eu, Rafa e Arturo espremidos no banco de trás do Corsa branco que ainda não tivemos coragem de vender. Albertinho dirigia. A mãe no carona.
Os carros que passavam por nós buzinavam. Eu custei a perceber a simpatia. Foi Rafa que chamou a atenção.

— Por que tu não buzina de volta, Beto?
— Não precisa.

É de uma estupidez ímpar, a morte, e de uma candura infantil, o luto.
A rua que leva ao cemitério municipal de Teresópolis, pela rota tradicional, ainda é de paralelepípedo. Imaginei o caixão sacolejando dentro do carro e meu pai sacolejando dentro do caixão. Imaginei ele caindo e Albertinho tendo que frear bruscamente. Imaginei a mãe desistindo de enterrá-lo. Como é que a gente ia se virar sozinho?
Aquilo pareceu ainda menos natural na manhã de sexta-feira e completamente absurdo à noite, quando pegamos a rota dos vândalos, desta vez num Ford Focus que de forma alguma comportaria um caixão.

— Mas não precisa do caixão.

Arturo é que resolvera tudo, à época.
Na verdade, eu nunca nem soube onde enterraram meu pai. Só registrei a cor do céu, a inexpressividade da mãe, a expressividade exagerada dos outros e quão jovens eram os coveiros.
Qual a diferença da cova pro buraco?

Eu não sei.

Arturo nos contou, depois, que o cemitério estava a ponto de lotar.

Sem jazigos lá no alto, onde o deixamos. Só pedra, mato, terra vermelha e vira-latas.

Imaginei os cachorros roendo os ossos de uma avó muito querida.

Agora, Albertinho se encarregava de nos buscar, de separar os sacos de lixo, de estudar o trajeto e concluir que desviando pra Álvaro Paná pegávamos a Caingá direto pra dentro do cemitério.

Uma servitude tão determinada, tão convincente, que nem me dei conta de quando consenti com aquilo tudo.

Já havia voltado quando levantei para tomar café da manhã.

Preparava um pão com manteiga pro Rafa.

Quis abraçá-lo e puxar seus cabelos. Era, de nós quatro, o mais parecido com ele. No nome, nos modos, na formosura inesperada. Penso — que suas personalidades difiram tanto talvez seja uma escolha consciente. Talvez não difiram tanto assim.

Penso — não há resquício de maldade em meu irmão.

Penso — não há resquício de maldade em nenhum deles.

Contei aos dois de minhas aventuras oníricas, e depois a Arturo, enquanto eu fumava e ele varria folhas velhas pra fora da lavanderia.

Expressei minhas preocupações.

— Não cabe um caixão naquele carro.
— Mas não precisa do caixão.
— E a mãe?
— Vai ficar aqui.
— E o túmulo?
— Que tem?
— E as pás?
— Na casa do caseiro.
— E a polícia?

— Não tem polícia.

Queria que um deles cedesse e ao menos assumisse que ficamos todos malucos. Que com meu pai morreu a razão do mundo. Que já não sabemos lidar com a existência — a nossa e a dos outros — e que sabemos menos ainda sobre a inexistência.

Só que admiti-lo é admitir, também, que somos responsáveis por sua finitude.

Que o rabecão não subiria até as covas novas,
que Arturo, Albertinho, Rafa, nosso contador e os rapazolas sepultureiros carregarem seu caixão por sabe-se lá quantos metros,
que rezarmos um Pai-Nosso e o entregarmos aos vermes é correto
e que tudo o mais é insensato.

6

A figueira estava lá quando chegamos nós e estará lá quando chegarem outros — magnânima, deslumbrante e excessiva.
    Abrigará novos morcegos,
    proverá novos frutos,
    guardará novas iniciais — ou as mesmas, para novos nomes —,
    aceitará novos propósitos, ainda que ridículos,
    e ignorará toda falta, porque enquanto não acaba continua, e continuará até que acabe.
    Constante.
    Completa.
    Imperturbável.
    Não lhe afetou a mãe fincar uma placa de jardim junto a si para delimitar o local onde relegaria o que quer que houvesse de meu pai a ser relegado à terra, e que nessa placa estivesse escrito, em uma fonte horrorosa, Aqui somos Todos Loucos Uns pelos Outros.
    Não lhe afeta que desprezemos o figo.
    Não lhe afeta que destruamos tudo a seu redor.
    Tomamos sentido por essência porque é desesperador constatar que o sentido é dispensável,
    porque que o que é natural é desprovido de sentido, mas não de essência,
    e criá-los, impô-los e modificá-los é coisa nossa, mundana,
    e quando nos esvairmos, todos, o que tiver de seguir, seguirá, e não deixará de ser porque não estamos.

    Enquanto Albertinho dava uma passada em casa para almoçar com seus dependentes, e eu preparava as batatas para o almoço dos que ficamos, tentei recordá-la como a figueira em que trepava na minha infância, mas isso há muito já não era — e nunca mais será.

À noite, de dentro do carro, tentei registrá-la como árvore — o que será para sempre —, mas tampouco.

Partimos, era uma lápide sem epitáfio.

7

O caminho pela Álvaro Paná atravessa um musseque, nos atira num modesto aglomerado de terrenos inférteis — cujo potencial as construtoras ainda não descobriram, do contrário haveria meia dúzia de anúncios de novos condomínios — e, logo em seguida, Caingá, a avenida estreita de chão batido que corta o cemitério.
    Não há luz ou viva alma ao longo desse trajeto.
    Apesar disso, é como se nos convidassem a perturbar os mortos.
    Sem vigias, sem portões, sem manifestações sobrenaturais.
    Só seguir reto.
    Nem ter posto Rafa ao volante foi um impeditivo.
    E eu torcia para que nos descobrissem.
    Para que nos perdêssemos.
    Para que sofrêssemos um acidente e nunca chegássemos.
    Por quê?

Paramos ao avistar um agrupamento de jazigos.
Arturo achou melhor deixar o carro ali mesmo.

— Rafa, você fica?

Rafa olhou pra mim.

— Se aparecer alguém, tu diz que tá perdido.

Rafa olhou de volta pra Arturo.

— Qualquer coisa a gente te dá uma ligada. Põe pra vibrar.

Eu quis ficar com Rafa.
Albertinho me entregou os sacos, pegou uma pá e deu outra a Arturo.
Apertei o braço de Rafa, mas ele não entendeu.
Albertinho entendeu.

— Fica perto de mim, Ciça.

Ofereceu a mão macia e paterna.

— Vai à merda, Alberto.

Eu aceitei.
Confiamos que Arturo sabia do que devia saber.
Andava tão rápido que não havia como pensar outra coisa.
Eu não conseguia pensar em outra coisa.
Eu não queria pensar em outra coisa.
O futuro mais distante era o do próximo passo.
E o do próximo passo.
E o do próximo passo.
No supermercado, no shopping, na feira automobilística —
as mãos revezavam: ora a de Arturo, gorducha e calosa, ora a de Albertinho,
e embora me contrariasse, e fizesse birra, e lhes dirigisse as piores ofensas que minha criancice podia arquitetar,
não me desvencilhava —,
eu só precisava me preocupar com o passo seguinte, que fosse firme, apesar do motivo e apesar do destino.

— A casa, Beto.
— Que que tem?
— É ali em cima.

Não só porque, se me desvencilhasse, talvez corresse para longe e nunca mais os encontrasse.

— É logo aqui.

Mas porque meu pai mandava não soltar.

— Aqui.
— Tem certeza?
— Aham.

A tal casa é um barraco encafuado no mato.
Me lembrei dela também.
Havia uma moça parada à entrada quando subimos com o caixão. Que passasse suas horas de lazer escrutando o luto dos outros, era de se esperar. Que o escrutínio culminasse na expressão com a qual a flagrei, isso me perturba.
Não era de condescendência, comiseração ou constrangimento. Era como se tivesse acabado de testemunhar algo extraordinariamente ofensivo. Como se soubesse que, ano e pouco depois, eu tornaria a passar por ela, sacos plásticos, pás e dois irmãos comigo.

— Me dá teu celular.

Me perguntei se estaria ali, no escuro.
Quando descemos, não estava mais.

— Ciça, teu celular.
— Pra quê?
— A lanterna.
— Não sei se tem.
— Dá aqui.

Eu dei.

— Vem cá, Beto.

Só quando precisei largá-la é que percebi que apertava a mão de Albertinho.

— Ciça.

Eu não queria ir.

— Fica perto de mim.

Albertinho e Arturo tentaram combinar os fachos frouxos,
identificar os túmulos,
ler algarismos garranchudos em tocos de madeira.
Porque isso é o que há.
Porque isso é que é essencial.

— Aqui.

Cravou a pá no chão.

— Tem certeza?
— Tenho.

E se se enganasse?

— Como é que você sabe?

Me olhou feio.

— Eu conferi.
— E se não for?

E se Rafa tiver ido embora?

— Eu tô falando que é.
— Tem certeza?
— Sim, caralho.

E se a mãe estiver mentindo?

— Vai tomar no teu cu.
— Ciça.
— Eu tô falando que é aqui porque é, porra.

Pior: e se estiver errada?

— Tuco.
— Segura a luz e para de encher o meu saco.

Eram trinta e seis cruzes.
Trinta e seis túmulos paralelos.
Trinta e seis famílias sem dinheiro, paciência ou religião suficiente para um jazigo.
Setenta e dois pedaços de pau.
E quatro filhos regressantes.

E se Arturo só estivesse desesperado?

Devia ser mais difícil violar a morte —
ou mais fácil aceitar que ela pode ser violada.
Que depois, nada.

Aqui, lá, nada.
Mas pra acreditar nisso é preciso aceitar que como a morte, a vida:
que não importa o que se faça dela,
porque tudo o que vive só serve ao propósito da terra,
e que, pois, tudo é permitido, contanto cesse,
que só vale a existência porque deixamos de existir,

que sobre isso não se tem o menor controle.

Que você será pai, e então não será mais.
Que se uma mãe pedir para que te desencavem, os filhos cavarão até te encontrar.
Que bastará a dúvida para que se justifique.
Que a certeza é artificial.
Que quando tentarem te trazer à tona, você cairá.
Que não dirão que estão errados — e eles estarão certos.
Que o que haverá de você depois não haverá.
Que a noite seguirá sendo noite.
Que o amanhã virá amanhã.
E o seu sobrenome será esquecido.
E a sua linhagem será interrompida.
E o seu amor terá dissolvido.
E a sua tumba será arrombada.
E o seu caixão estará vazio.

Diário de Quarentena

22.03.

Diário de quarentena dois. Dia vinte e dois do três. Faz sol. Eu acho que resfriei, ou cansei, ou li uma história muito mais triste do que esperava. Tenho escrito. O objetivo é nunca usar a palavra "quarentena". Vamos brincar — quem usar a palavra "quarentena", "isolamento", "solidão", "morte" perde. Não. Morte pode, desde que em qualquer outro contexto. Um romance policial. O noir volta pra ficar de vez. Graças a deus. Nossos messias estão nas ruas, confinados às calçadas. Tirei a foto abaixo hoje cedo. Mas fiquei de olho. Ele tava bem, na medida em que estar bem é estar vivo, ao pé da igreja. Entrei pra descarregar a câmera. Dois minutos, nem isso. Quanto voltei à janela, já não estava ali.

07.04.

Diário de quarentena sete. Dia sete do quatro. Hoje eu só ocupei espaço. Dizer que existi seria forçar a barra. Tentei seguir os conselhos do meu horóscopo, só que tô me esforçando muito pra não engordar os 6 kg que perdi no começo do ano e tenho horror de ligar pras pessoas pra chorar. Mas uma amiga do trabalho me ligou porque também anda preocupada e eu chorei. Tenho escrito um livro na quarentena, que espero não ser um livro de quarentena. Terça-feira que vem faz 2 anos que vim pra São Paulo e ultimamente ando pensando muito em tudo que eu faria pra nunca ter que deixá-la. Sempre resulta nisso, enquanto os pilares ruem. Fiz brigadeiro porque Páscoa tá chegando. Talvez eu jante brigadeiro. Sobrevivi 35 dias no joguinho e morri por besteira. Cerveja tem me dado dor de cabeça direto. Acabei comprando mais dois livros, ambos do Knausgård, um sobre o outono. Porque é outono, enfim. Minha estação favorita.

21.04.

Diário de quarentena oito. Vinte e um do quatro. Acaba sempre voltando à mesma questão: estou insatisfeita. Insatisfeita com o que faço, insatisfeita com as minhas decisões; triste, profundamente triste quando não consigo me distrair; sem propósito quando não consigo fingir que afinal tudo tem seu motivo, sim, que tudo está acontecendo como deveria acontecer. Mas eu ainda sou grata pelo meu teto, por poder pagar minhas contas, por poder continuar por aqui. Como pode? Estar infeliz e não estar. Eu ainda não entendo. Espero chamarem meu nome, me darem as instruções exatas: foi aqui que você se desviou. E eu direi, ah, tudo bem, e começarei de novo. Porque tampouco estou infeliz a esse ponto. Só talvez cansada, só talvez perdida. Eu não tenho problema nenhum em começar de novo e de novo e de novo, até encontrar um caminho que não pareça errado. Mas como eu vou saber? Quando eu vou saber? E se eu nunca souber?

09.06.

Diário de quarentena onze. Dia nove do seis. Não é possível desaparecer completamente. Quando alguém interage com o mundo, deixa resíduos por toda parte. A frase original é mais bonita, mas enfim. Eu acreditava que para desaparecer, bastava se trancar no quarto. Hoje é mais difícil. Tem blogs que nunca consegui deletar. Deixei meu CPF em algumas notas fiscais. Meu número de celular talvez seja o mesmo para sempre. Tem gente que lembra de mim como a segunda na ordem de chamada. Tem gente que lembra de mim como a filha dos meus pais. Meus irmãos nunca me deixariam desaparecer completamente. Ou as paredes da república, onde eu anotei umas ideias, à caneta. Ou o fisco. Ou a VIVO. A fantasia de se enfiar no mato e nunca mais ver a cara de um ser humano que seja — isso é sumir, não é desaparecer. Morrer não é desaparecer, contrariando minhas crenças. Eu tenho uma lista mental de todas as pessoas que sumiram. Nenhuma desapareceu. Tem como encontrá-las, se eu me esforçar um pouco. Ainda assim, às vezes tenho a sensação de desaparecer. E muitas vezes tenho vontade de desaparecer. Mas eu vi um vídeo, há algum tempo, que dizia que 1) não dá, 2) meu corpo precisaria ficar trancado num apartamento por muitos anos, se putrefazendo, para alguém se dar conta de que eu desapareci. É meio dramático.

Cristo, Azul e X

1

Havia uma porta azul à esquerda da escadinha que levava às salas de aula da catequese, na paróquia da Igreja de São Judas Tadeu. Azul-bebê, da mesma cor que as mesas e cadeiras e bancos e batentes e alguns pisos da escola; da mesma cor que meu uniforme; da mesma cor que o céu, dependendo do dia; da mesma cor que o algodão doce que o Tio vendia na rua de cima; da mesma cor que a capa de Lolita. Era uma porta de madeira que parecia pesada, embora pequena. Todo sábado, às 9h e às 12h30, eu passava por essa porta, e olhava para essa porta, às vezes de relance, às vezes demoradamente. É a casa do Padre; é a cozinha da cantina; é um armário; é o esconderijo de Jesus. Nunca perguntei às Tias o que a porta trancava, porque sabia que elas mentiriam. Tentávamos, eu e X, adivinhar, sem impor quaisquer limites às nossas ideias, meio felizes em nossa ignorância, mas torcendo para que um dia, por benevolência divina, um presente por nosso bom comportamento, um atestado de existência, ou por pura e mundana distração da Supervisora, a flagrássemos aberta.

2

Havia um painel de azulejos pintados à mão nos fundos do altar, reconstruindo a Última Ceia em azul. Azul-marinho, do mesmo estilo que os azulejos da Fonte Judith; do mesmo estilo que os azulejos do painel do Dedo de Deus num posto à entrada da cidade de Teresópolis; do mesmo estilo que os azulejos portugueses da cozinha da casa de Vó Lúcia. Passava a maior parte da missa escrutando Bartolomeu, Tiago, André, Judas Mau, Pedro, João, Jesus, Tomé, Tiago de novo, Felipe, Mateus, Judas Bom e Simão, especialmente quando o sermão do Padre se estendia por mais de dez minutos. O artista pintara-os, todos, cabeçudos e então eu até acreditava que tinha algum propósito, nem que fosse o de tornar a cena mais amigável, embora encimada por uma reprodução exageradamente grande e fidedigna de Cristo Crucificado. Na missa de Páscoa do nosso primeiro ano de catequese, eu e X contamos os azulejos, um a um, mas chegamos a resultados diferentes — ela, pra menos; eu, pra mais.

3

Havia doze vitrais na igreja, que cobriam a história do nascimento, morte e ressurreição de Jesus em cenas sucintas e predominantemente azuis. Azul-cobalto, como o olho turco no chaveiro de Mamãe; como o colar de pedra falsa de Vó Filipa; como a capa do livro de Ciências do segundo semestre da 4ª série; como a tinta guache que X jogou na minha blusa porque eu não quis emprestar a minha Bíblia de bolso. O meu vitral favorito ficava bem à direita do altar e era Jesus no colo de Maria, moribundo, a cabeça caída para trás e os olhos revirados, como se absurdamente entediado. Me fazia rir. Era um Jesus para cada vitral e esse era o Jesus De Saco Cheio, batizado por X. Dois vitrais adiante, ficava o Jesus De Banho Tomado, o favorito de X, e batizado por mim, mas que para ela tinha outro nome. Sempre que entrávamos na igreja, se não pudéssemos percorrer toda a narrativa, no mínimo parávamos diante desses dois, primeiro o meu e depois o dela, e eu me divertia e ela suspirava, antes de nos sentarmos o mais à frente possível do altar.

4

Havia uma imagem de Nossa Senhora Auxiliadora guardada na antessala da nossa sala de aula na catequese, coberta de poeira branca e pelo seu manto azul. Azul-anil, que uma das estolas do Padre copia; que meu porta-Bíblia artesanal copiava; que o tecido do manto no qual me puseram para a festa de Natal falhou em copiar. Nossa Senhora Auxiliadora é a que segura Jesus Bebê no colo, dum jeito impossível de segurar qualquer bebê. Juntavam pó, além dela, uma TV de tubo de 49 polegadas, um abajur sem cúpula, 24 volumes duma enciclopédia já antiga à época, cadeiras e mesas inutilizadas, molduras muito grandes e muito pequenas, um espelho quebrado, potes de plástico, dois pares de tênis de corrida, uma panela de pressão, um cabide de pé de madeira, uma fantasia de Papai Noel. Por motivo que me escapa, uma das Tias pedira para que eu e X verificássemos se o cajado de Moisés estava esquecido ali. Não estava. Nessa mesma sala, eu e X demos nossos primeiros beijos. Ela beijou o menino que eu gostava e eu beijei o menino que ela gostava. Só me lembro do nome do que eu beijei, era Rafael.

5

Havia um banheiro debaixo das escadas que levavam às salas de aula da catequese, minimamente funcional e espaçoso, e azul. Azul-turquesa, da mesma cor que os ladrilhos da piscina da casa de X; da mesma cor que o biquíni que X usava quando tentou me afogar pela primeira vez; da mesma cor que o rabo da Barbie Sereia; da mesma cor que a bermuda favorita de Papai; da mesma cor que a bebida que provocou meu primeiro PT. Uma ou duas semanas antes da nossa primeira comunhão, X se enfiou no banheiro comigo e, aos prantos, disse que estava apaixonada por Jesus. O período de confissão já havia passado e ela tinha medo de morrer se aceitasse a hóstia no dia da cerimônia guardando um segredo, um pecado, como aquele. Eu já achava que, pelo contrário, quanto mais apaixonada fosse por Jesus, mais merecedora da hóstia ela seria. Disse que freiras nada mais eram do que as esposas terrenas de Jesus. Isso a reconfortou e enfureceu. Ela estudava em um colégio de freiras.

6

Havia um cartaz antiaborto perpetuamente colado no quadro de avisos à entrada da igreja, elucidando todas as formas terríveis pelas quais um bebê pode ser assassinado, em letras azuis. Azul-petróleo, como as janelas e a porta de entrada e os guarda-corpos da minha casa; como as paredes dos quartos do hospital onde fizeram minha esplenectomia; como a capa do primeiro caderno que fiz de diário; como o jogo lençol-e-fronha da cama de Matheus, o segundo menino que eu gostei. Tem muitos jeitos de matar um bebê, mas nenhum envolve chorar até que ele morra. Às vezes, eu e X chegávamos tão cedo pra missa que ficávamos ali, instaladas junto ao quadro, brincando de jogo da memória com as ilustrações do cartaz. Da esquerda para a direita: 1, 2, 3, 4, 5, 6, 7, 8. Número 7. Aspiração. Quando muito entediadas, incluíamos a descrição, para dificultar. Decoramos o cartaz antes de decorarmos o Credo.

7

Havia, enfim, a lista dos sete pecados capitais e havia a lista dos dez mandamentos, uma de cada lado do quadro negro, em cartolinas azuis. Azul-celeste, que as roupinhas de anjo copiavam; que a capa do meu caderno copiava; que o giz de cera da Tia copiava; que tenta copiar o céu. Antes da primeira eucaristia, eu confessei todos os meus pecados ao Padre, e eram quatro: Gula, Preguiça, Inveja e Avareza. Os de X foram cinco, mais o que ela não confessou. Eu tive de rezar dez ave-marias e um pai-nosso. Ela rezou seis ave-marias e um pai-nosso. Achei injusto. Ela disse que meus pecados, embora fossem menos pecados, eram piores que os dela. Me perguntei se o Padre teria percebido que eu não era apaixonada por Jesus, e X sim, e quem iria morrer com a hóstia na boca seria eu. Li os Salmos na cerimônia. Após a comunhão, ajoelhei para rezar outras dez ave-marias e um pai-nosso. Evitei, até, olhar para Jesus De Saco Cheio. Eu não morri nesse dia, nem X.

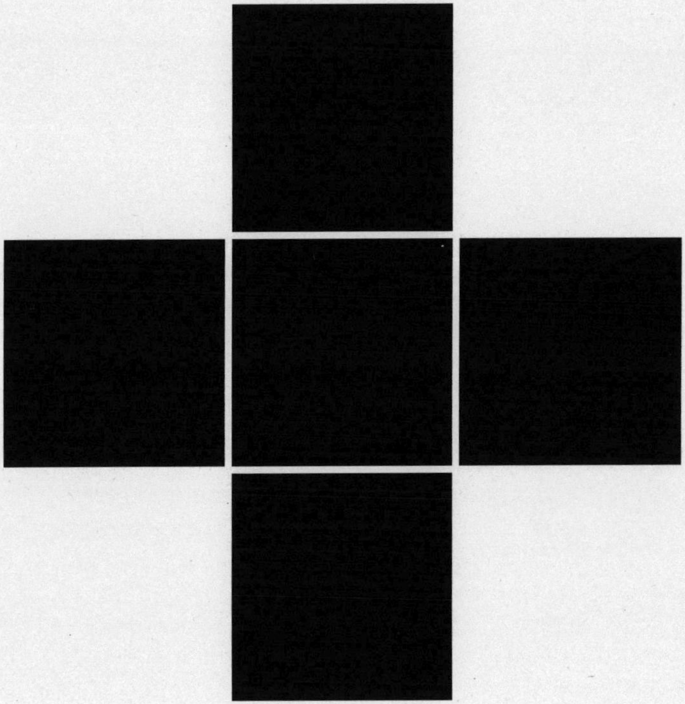

17.06.

Fui contar pra Mãezinha sobre a tatuagem que quero fazer na perna. A carta XIII do tarô, A Morte. Fui contar da tatuagem pra Mãezinha: quero tatuar A Morte porque eu tenho um problema sério com a morte, todo mundo tem, mas é que eu penso tanto na morte — na morte dos outros, principalmente — que parece que eu vivo só pra morrer um dia, ou pra esperar que alguém morra. Fui contar da tatuagem pra Mãezinha: tem esse livro do Knausgård em que ele não diz que ele escreve porque ele não quer morrer, mas foi isso que eu li, e entendi muita coisa sobre mim, porque eu escrevo pra viver, de fato, pra ter a sensação de que vivi, pra criar falsas memórias, a pessoa que eu mais invejo no mundo é Elena Ferrante. Fui contar da tatuagem pra Mãezinha: é como se, para cada decisão que eu tomo, precisasse consultar a morte, precisasse me ver diante da morte, precisasse verificar — essa decisão me fará suficientemente feliz à ocasião de uma morte? Fui contar da tatuagem pra Mãezinha: tem este vazio que eu não sei, ainda, se é só medo ou se é um ruído na comunicação com a morte — se, algures, ela só está esperando que eu chegue ao invés de vir atrás de mim — se é vazio porque eu não entendi nada ou porque eu tenho total razão quando eu me rendo, nessa agonia existencialista chatíssima, e quando eu não me rendo, inventando de morar, sei lá, na Alemanha, porque Berlim pareceu legal numa série que fala de morte. Fui contar da tatuagem pra Mãezinha e, eis que, não era mais A Morte, era o Renascimento, era não querer lidar com o que se inicia depois do fim, porque com o fim, enquanto fim, eu faço as pazes, porque eu não sei lidar mesmo é com mudança, nenhuma, e ainda assim tenho esta fantasia de acabar com as coisas só pra vê-las acabar, e eu não sei bem do que eu tava falando, eu não lembro do que eu tava falando, mas A Morte estava ali, mais confusa do que eu, assumindo as culpas improváveis e regando as plantas que, não teve jeito, tive que deixar pra morrer, como se por pura rebeldia. E, na outra perna, eu quero tatuar A Imperatriz.

05.07

Diário de quarentena quinze. Cinco do sete. Você nunca quis matar alguém? Minha analista achava ainda mais improvável do que, de fato, matar alguém. Mas não. Nem a galera que te zoava na escola? Não, não. Na real, eu já pensei muitas vezes em como deve doer morrer — queimada, afogada, atropelada, esborrachada no chão. Tenho essa coisa com o meu pescoço — ninguém pode encostar no meu pescoço, me dá muito nervoso, acho que eu fui enforcada umas 3 ou 4 vidas atrás — e toda vez que encostam no meu pescoço, que roçam no meu pescoço, é como se quisessem me enforcar, e dói, e desespero. Enfim. Matar não. Mas se você pudesse matar alguém, quem você mataria? Fácil. Risos. Fora ele. Não sei. Uma vez eu tentei matar uma barata lá no apê, só que eu não tenho coragem de, tipo, esmagar a barata, então eu fiquei das dez e meia às onze e doze da noite zanzando pelo bairro atrás de um mercadinho que vendesse inseticida, só que nenhum vendia inseticida, eu cheguei a me enfiar em uma ruela às dez e meia/onze da noite, se eu conto isso pra minha mãe, ela certamente me mata — à base da porrada — até encontrar inseticida numa vendinha cujo dono tava mais preocupado comigo do que eu. Sufoquei a barata em veneno — acho que eu só mataria alguém assim, veneno, remédio, algo que chegasse próximo de uma enxaqueca fodida, deita pra dormir e não levanta mais. Veneno é a arma das mulheres, pipipi, popopó. Cheguei a começar um texto sobre a "violência feminina" no que eu achava que seriam contextos muito diferentes — de Elizabeth Báthory a Phoebe

Waller-Bridge — só que me perdi tentando definir "raiva" e "expressões de raiva" e a diferença entre "raiva" e "violência" e desisti. Fiquei com raiva. Ok, acho que, se eu fosse matar alguém, acho que, sei lá... Tipo, por quê?, sabe? Nunca tive fantasias assim. Como sua violência se manifesta, minha analista teria perguntado — soa como uma pergunta clássica entre analistas — e eu teria respondido, como acidentes; ou melhor: quando, e eu teria respondido, ao menos uma vez por dia, em dias bons; ou melhor, onde, e eu teria respondido, em mim. Aí ontem minha mãe tava contando do dia em que ela foi forçada a matar um morcego — ele entrou na cozinha, ela tentou espantar ele pra fora, acertou com a vassoura sem querer, ele caiu, ficou agonizando, ela achou melhor ser misericordiosa. Nunca mais quer ter que matar um morcego, diz. Isso é um parêntese, porque não querer matar e não querer ter que matar são adversidades que vão muito além da capacidade de minha analista confortar minha falta de raiva, ou de violência. É que eu sinto muito mais tristeza que raiva, e sei que dá pra morrer de tristeza, mas dá pra matar de tristeza? Dá pra eu ficar muito, muito, muito triste e, eis que, alguém pegando fogo? Veneno é a arma das mulheres, tuberculose era a doença dos tristes. Morreu de tristeza = morreu de tuberculose, contou minha mãe, contando da mãe dela, que morreu de tuberculose e era triste. Era, também, a doença dos apaixonados — que são todos tristes, ainda que apaixonados. Imagina se, em vez de morrer de amor, os apaixonados matassem uns aos outros. Aí, sim, talvez eu tivesse uma lista. Aí, sim, talvez eu quisesse matar a torto e a direito. Empurrar todas as pessoas que eu amo do terraço do Copan, e vê-las cair.

22.06.

Diário de quarentena catorze. Dia vinte e dois do seis. Comecei [a escrever] um livro. Desisti do livro. Retomei o livro. Percebi que estava escrevendo o livro errado. Larguei o livro. Quase deletei o livro. Encontrei o título do livro. Retomei o livro.

20.07.

...puro anúncio de móvel industrial. Aí eu fico pensando: um armário de latão mentirosamente enferrujado combina com madeira verdadeiramente desgastada? Se eu fechar os olhos, e apertar bem os olhos, você some? Ainda não superei a fase da infância em que as coisas, quando acabam, parecem que acabaram pra sempre. Você sai e nunca mais vai voltar. Termino um livro e nunca mais haverá um livro. Durmo, nunca mais será este dia. Queria poder deter as pessoas no tempo — jamais deter o tempo (ai que saudade). Mas eu abro os olhos e você tá aí. Tudo combina, porque não precisa combinar. Viu, gostou, é isso.

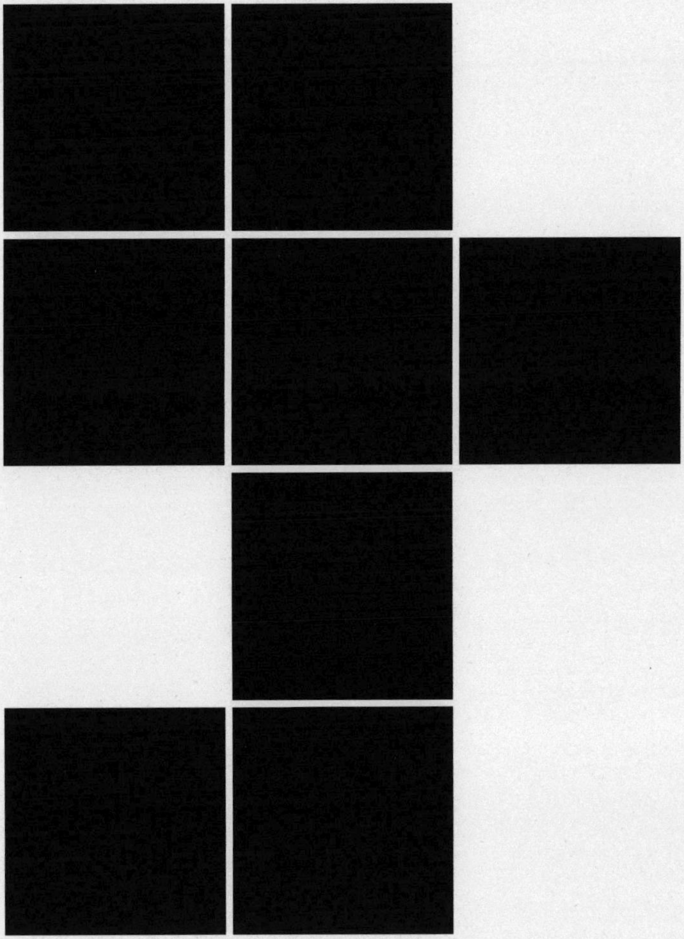

Resgate da Mãe Silenciosa

Nós, mulheres, pensamos através de nossas mães

— Virginia Wolf

Silêncio

É uma forma de não estar no mundo. Quando me deparava com ela na sala, ou quando a descobria por acaso na varanda, ou quando ia à cozinha e lá estava, sempre uma surpresa, porque Mamãe não se anunciava. Nem nos passos, leves, nem nas alegrias, breves, nem na existência, dolorosa — e, ainda assim, estava ali o tempo inteiro, impregnada na textura das paredes, nos móveis todos de madeira, no piso de ardósia verde, nas suculentas recém-nascidas, copresente, incontestável, incapaz de obedecer ao próprio desejo de não ser, porque era tanto. Ninguém ocupava o espaço do seu silêncio. Ninguém poderia ocupá-lo; apesar dos pesares, não havia ausência. Havia falta, mas não havia ausência. Havia carência, mas não havia ausência. Eu entendi logo cedo o que é saudade, buscando Mamãe nas almofadas, recriando Mamãe nas almofadas, é disso que ela gosta, é isso que é bonito, almofadas floridas — flores, pois —, é assim que eu nego seu silêncio, me aventuro no seu silêncio, Eurídice, para resgatá-la. Entendi logo cedo que o silêncio se acessa com flores, nos túmulos, nos vasos, nas folhas de papel em branco, com canetinha, e se eu chegasse bem perto — se, por desaviso, ela cochilasse no sofá, se, por necessidade, ela picasse cebolas, se eu chegasse bem perto e plantasse ali minhas pétalas, na esperança de florescerem como floresciam as suculentas — podia ouvi-la respirando, podia ouvi-la, viva, e podia ouvi-la sonhar.

Ruído

O lápis de Papai colorindo o retrato de Mamãe.

Silêncio

Qual foi o primeiro som a ecoar no mundo? Não sabemos, Deus não criou o som. Ele é uma manifestação espontânea, terrena, de suas criaturas. Pode ter sido o ulular dos animais que ocuparam as trevas. Pode ter sido o farfalhar das árvores erguidas no Éden. Pode ter sido um grito. E pode ter sido música. Celia Cruz ecoava pela casa, eu sabia que seria um dia bom — Mamãe saíra do quarto. Nós dançaríamos, juntas, como se não fosse estranho vê-la ali. Faríamos faxina. Organizaríamos a casa. Casa bagunçada sempre a incomodou; afinal, se não era capaz de lavar uma louça, que dirá amar a vida. E queria amar a vida. Ah, como queria. Eu tinha 5 anos e tentava conter seus sons, registrar seus intentos de existência. Ligava o gravador de brinquedo, presente de Natal, e alternava o microfone entre o rádio e sua boca, fazendo as mesmas perguntas que faria hoje — o que você mais gosta de comer? Qual é o seu animal favorito? Você prefere verde ou roxo? — para então, no escuro do quarto, na inquietude das nove horas, forçá-la para fora de si — peixe, cachorro, verde — [...] troca a fita, "la vida es un carnaval y las penas se van cantando"

Ruído

A máquina de escrever de Papai sendo usada por Mamãe.

Silêncio

Por muito tempo acharam que eu fosse autista. Não falava, não reagia, mal e mal chorava. Mas também achavam que era menino, porque Mamãe insistia num corte joãozinho e me vestia de azul e eram os anos 90. Recém-descobrindo o mundo, tudo o que fazia era processá-lo, internalizá-lo, engarrafá-lo. O mundo, que me dava tanto — sapos, geleia de mocotó, futebol com laranjas do pomar, o bigode de Papai, o cabelo de Mamãe, a piscina. Eu não sabia como devolver o mundo pro mundo. Minha primeira palavra acabou sendo "água". Meu primeiro monstro foi uma escada. Minha primeira rebeldia foi fingir que eu não sabia, só para ouvir Mamãe me ensinar.

Ruído

A TV da sala transmitindo a posse de Fernando Henrique Cardoso.

Silêncio

A raiz do que sei do mundo é roubada, entreouvida por trás da porta do quarto, apreendida no escuro, aprendida sem querer. É meu, o que floresce? Vivo por dedução, o que conheço é forjado, a realidade, sempre fantasia, furtada pelas frinchas, incerta, volátil. Eis que descubro que nada do que me é caro é de direito, nenhuma palavra, nenhum gemido, nenhum amor, e aí? Quanto mundo, de fato, se pode extrair pela porta? Quão sólido é o ruído, que tanto se alicerça no silêncio? E se, esvaziada, quieta, no breu, fosse mais razoável? E se fosse mais correto? Seria mais calmo? Seria mais meu? É noite, eu colo à fechadura, Mamãe e Papai sentados no sofá, espectrais, abraçados. Conversando. Vendo filme. Torno à cama, preenchida de amor, repleta de sons — mas, antes de conseguir adormecer, me escapam. Volto à porta. Vazio. Silêncio. Existir é alternar entre os sons e as faltas? Ou isso é só ser sua filha? Mamãe tenta se esconder, mas eu a percebo. Eu guardo Mamãe em uma fita cassete. Eu roubo Mamãe do mundo. Eu roubo Mamãe de Mamãe. Eu toco sua voz na escuridão — peixe, cachorro, verde. Eu toco Mamãe.

Ruído

A chave rodando na fechadura da porta do quarto de Mamãe.

Silêncio

Tanta coisa se faz em silêncio. Manifestos são escritos em silêncio. A epifania de uma paixão inesperada se dá em silêncio. Mamãe pediu a Nossa Senhora de Aparecida que salvasse o seu segundo filho em silêncio. Tantos chegaram e tantos se foram em silêncio. Minha tia — em que casa ela mora agora? Minha avó — como era a voz dela? Papai — sabia o tanto que a gente o amava? Mamãe — sabe o tanto que é amada? Eu me isolava para dançar. Eu contava histórias. Eu descobri meu corpo. A cada recolhimento, uma revolução. Eu esperava que Mamãe, egressa de sua clausura, eureca!, se descobrisse capaz de transformar as dores — já o bastante para transformar a humanidade, até onde me concernia. Mas só fazia revirar a casa, desequilibrar o ambiente, o que — fosse para reequilibrá-lo, chutar o castelo de areia para destruí-lo antes que o vento o fizesse, e reconstruí-lo, desafiando a própria natureza para desafiar a vida e, auspiciosamente, por que não?, a morte —, embora inútil, era, no mínimo, justo.

Ruído

O chinelo de Papai batendo contra as escadas enquanto Mamãe atira as louças no chão.

Silêncio

Escudo, arma. Tem esse compositor estoniano, Arvo Pärt, que promoveu o silêncio à nota musical. Quando, em meio a fás e sóis e rés sustenidos, se encaixa o silêncio, se estende o silêncio, prepara, o silêncio, a próxima leva de dós e mis e lás, não é interrupção, é melodia. Quando o som deixa de ser expectativa e vira objetivo; quando o silêncio deixa de ser lacuna e vira complemento — três badalares e depois, silêncio, não há nada além, são três horas, anuncia a igreja —; quando o silêncio deixa de ser fim: é onde quero encontrá-la, é onde espero que Mamãe se encontre, é onde buscamos a promessa de refúgio. Porque, não devo ignorar que me ocorre agora, e se foi o tempo todo assim? E se Mamãe — tão graça, tão luz, tão vida, tão perspicácia, tão alquimia —, e se Mamãe — num quarto de espelhos, refletida por todos os lados, refletindo sobre si mesma —, e se Mamãe, na verdade, se descobrisse capaz de brincar com o silêncio? E se fosse, o silêncio, a epítome de sua criação? Eis, então, porque calo, minha filha: o silêncio é obra, não ferramenta. Fosse assim, eu não quereria fazer barulho. Não gritaria, na esperança de que gritasse de volta. Não tentaria ser eco. Não me faria acústica. Meu corpo — ssshhhh. Debaixo d'água, eu não me dissolveria. Minhas alegrias não seriam tão escandalosas. Minhas tristezas não seriam mudas. Mamãe seria feliz.

Ruído

Os monitores da UTI anunciam que todos os corpos são arrítmicos e cacofônicos.

Silêncio

Mas, se aproximasse o microfone da saída de som, um silvo atordoante, contínuo, até que o afastasse. Interferência é interromper o som e é interromper o silêncio. As perguntas que meu gravador não podia guardar — por que você não confiou em mim? Do que você estava tentando me proteger? Você sabia que Papai ia antes, e não se preparou? —, essas perguntas deixei de fazê-las, todas. É que também estou tentando proteger Mamãe desde então, fazendo escarcéus para interferir em suas entranhas, meter-lhe o braço pela garganta, arrancar-lhe espetáculos, berrando minha vida em seus ouvidos — EU AINDA ESTOU AQUI! —, pois talvez um dia ela também queira estar.

Ruído

Um zumbido ininterrupto no ouvido direito. Como é de praxe dos tormentos, começou discreto, a princípio quase imperceptível, para culminar em uma perturbação indisfarçável. Atinge entre dez a vinte por cento da população mundial, majoritariamente indivíduos com idade acima dos sessenta e cinco anos. É passível de tratamento com terapia habitual, mas Mamãe não quer.

04.08.

Perdi a pressa. Sempre tive alguma dificuldade em pensar a longo prazo — minha meta para daqui a 10 anos é estar viva —, mas sempre fui muito boa em responder à pergunta "onde você se vê daqui a...?". Porque, no fim das contas, é só saber contar uma boa história, minimamente plausível. Me vejo na Romênia; gosto muito de vampiros. Me vejo em um apê com varanda, onde pega sol das oito ao meio-dia; porque meu apê de hoje não tem varanda. Me vejo bem, estável, fazendo sei lá quantas coisas ao mesmo tempo; perdi a pressa, agora quero perder a cabeça. Meus objetivos a longo prazo, todos, envolvem manter algum hábito saudável que desenvolvi sem querer. Anteontem resolvi virar vegetariana porque aprendi a gostar de abobrinha e em 3 anos espero nunca mais comer um animal. Vi que é muito fácil plantar alho poró e em 6 meses quero cultivar uma hortinha vertical, sem ter matado nenhum manjericão. Agora há pouco eu descobri que posso, de fato, chegar aos 40 um dia. Mas daqui a 10 anos ainda é tempo e até lá eu só espero continuar vivendo — por puro hábito mesmo.

17.10.

Diário de quarentena vinte e um. Dia dezessete do dez. Escreveu Hilda que "o amor, poeta, é alegre" e estranhei: sim, mas, até então, não. Eu só sabia falar de amor pedindo socorro. Minha analista, meus amigos, minha mãe, as cartas — tudo, hoje, me contradiz; daí ao amor ser outra coisa, de fato, são outros quinhentos. Mas tem sido. Temos falado de amor diferentemente — com menos angústia, com mais doçura, mais alegria — é a melhor palavra. Hilda é detentora das melhores palavras. É a única pessoa que faz de "flutissonante" uma precisão, não um capricho. Quando penso em Hilda, lembro-me sempre de quando a descobri, em um livro com os "100 melhores poemas da Língua Portuguesa", que figurava alguns versos de "Amavisse". Não os melhores, contudo; esses conheci mais de década depois. Abri a última sessão de análise lendo Hilda Hilst pra minha analista, recitando os versos da mulher-avesso, "sou eu todinha". Foi ótimo; toda conversa deveria começar com alguém declamando um poema (por favor, não). É tudo o que tenho lido, Hilda Hilst, porque ela fala de amor como é e como tem que ser. Isso aqui é uma tentativa de me definir como amante — no entanto, claramente, eu não detenho as melhores palavras. A outra opção era escrever teu nome, consecutivamente, até cansar.

06.11.

Diário de quarentena vinte e dois. Dia seis do onze. "Outono" é um livro epistolar onde Knausgård tenta descrever o mundo à filha ainda não nascida. Já há uns meses eu venho lutando contra a ideia de fazer o contrário: escrever uma longa carta — um livro — ao meu pai sobre o mundo que ele deixou para mim — ou que levou consigo quando morreu. E é curioso que, embora sempre soubesse, lá no fundo, que era isso o que queria escrever, nunca tenha, até agora, conseguido definir que é isso o que quero escrever. São outros os desafios, naturalmente: essencialmente, o mundo é o mesmo que ele viu enquanto esteve aqui; por outro lado, o mundo é outro a todo momento, e passados sete longos, arrastados, cabalísticos anos, não há — não pode haver — quaisquer vestígios do mundo que ele viu. Há, porém, por toda a parte, escombros do mundo que construiu. Ao contrário de Knausgård, eu não preciso descrever o outono — meu pai viveu muitos. Mas agora quem usa sua camisa verde de manga longa no outono é Miguel, e ela fica grande nele, e ele gosta, porque fica grande. O livro de Knausgärd começa assim: "now, as I write this, you know nothing about anything, about what awaits you, the kind of world you will be born into. And I know nothing about you" — e penso que, fosse começar da mesma forma o meu, começaria "agora, enquanto escrevo, você sabe tudo sobre tudo, o que te esperava, que tipo de mundo te recebeu. Mas não sabe mais nada de mim". Só que não quero começar assim.

22.11.

Diário de quarentena vinte e cinco. Dia vinte e dois do onze. Chegou uma moça aqui que nem você da outra vez. Esbaforida. Suando. Nem consegue respirar direito. Atrasada. Coitada. Ainda carregando um pet. Só faltou o pet, no teu caso, rs. Fica com deus, filha. Avisa quando chegar em casa.

29.11.

Diário de quarentena vinte e sete. Vinte e nove do onze. Escrever tem me tomado uma energia que eu não esperava que tomasse. Escrever o livro, no caso. Os diários resistem, porque sempre foi o contrário: só o que eu fazia era escrever. É onde me encontro mais próxima do que "estar bem", me parece — a ausência de angústia. Mesmo quando me questionava, mesmo quando sabia que o que eu escrevia não era bom. Mesmo quando disputava comigo mesma, mesmo quando disputava com o tempo. Havia sempre o encaixe, acima de tudo. Mas os diários só atendem a anseios muito específicos. Na oficina de que participei ano passado, uma professora pediu para definirmos o que buscávamos com a escrita em alguns verbos; elenquei: comover, refletir, movimentar, acolher, pensar, doer, inspirar e curar. Acredito — correndo o risco de soar ingênua — que é a primeira vez que escrevo algo que cumpre com todos esses objetivos. Mas, justamente por isso?, nunca foi tão difícil escrever. Não dormi bem na sexta porque queria escrever no sábado; escrevi sábado de manhã — quase nada, duas linhas — e dormi o dia todo. Escrevi hoje, mais uma frase, longa, pelo menos, e não consigo tornar ao arquivo de texto. Liguei pra minha mãe pra dizer que talvez volte mais cedo pra Teresópolis. O impulso é de fugir, me encasular, ignorar que existe qualquer vida além dessa que estou construindo, ficcional e profundamente calcada numa realidade da qual sempre corri e pra qual, não sei por quê, quero voltar. Meu corpo, meu sono, meu ego já sentem os efeitos: são massacrados. Me alimentei vergonhosamente mal este fim de semana. Me sinto sozinha. Quero chorar o tempo todo. Pra construir esse livro, devo destruir o resto. É uma afirmação que minha terapeuta vai repreender na quinta. No entanto, ela diz que vou terminar a terapia antes de terminar o livro. Veremos.

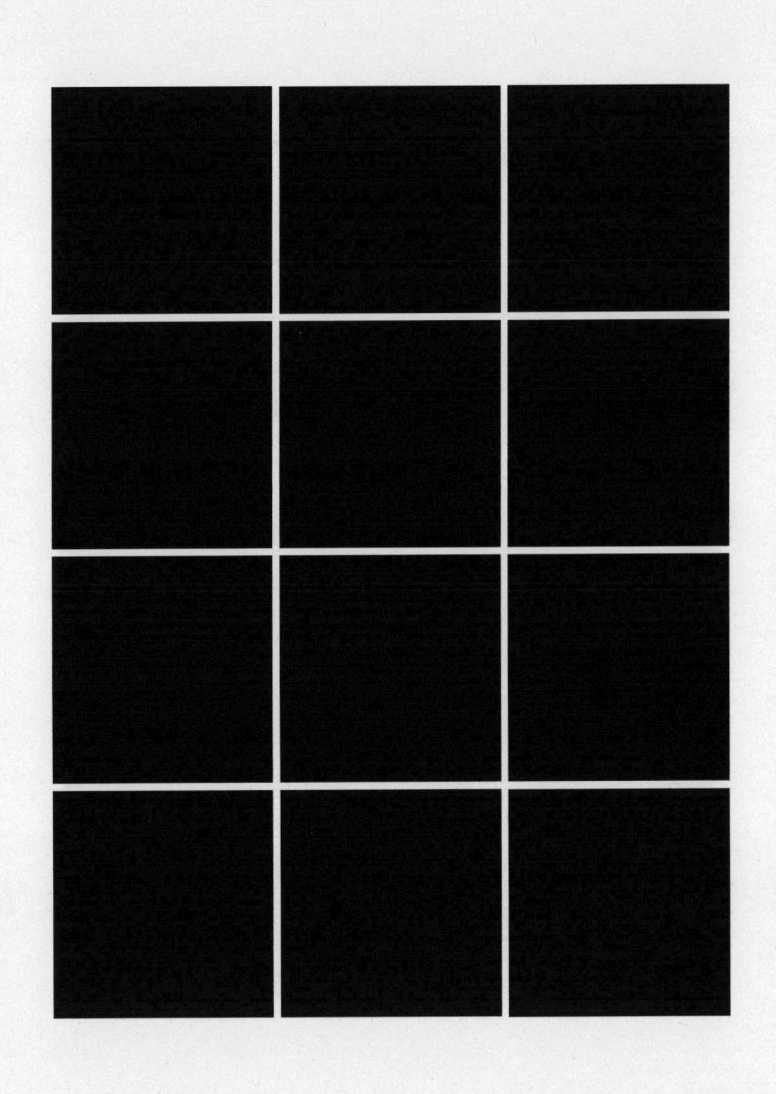

1993.

minha infância durou
três fitas VHS
dois álbuns de fotos
a gestação do meu irmão
uma visita ao zoológico
e a amálgama dos verões
em Pessegueiros —

Bromélia-moça

...
...
...
...
...
se eu fosse meio mulher
meio planta
meio mulher-planta
seria mais fácil
criar raízes

Se os Mortos Não Dançam

Se os mortos não dançam
por que contê-los
em caixões tão apertados?

se não doem
por que largá-los sozinhos —
e queimá-los?

se os mortos não fogem
por que trancar
os portões do cemitério?

se nada levam,
não obstante,
nada fica —
se se vão,
de fato,
e não voltam —
nunca mais voltam —,
e, se voltam,
são outros —
por que as flores,
as missas
e os regalos?
se não mais perambulam
pela casa silenciosa e escura
na expectativa de encontrar a resposta duma pergunta que nunca foi feita,

respondendo o que nunca lhes foi perguntado,
tocando os dias como se em dívida com o mundo
e como se o mundo lhes devesse algo,
se não mais se dirigem ao céu —
exasperados —
se não anseiam,
não suplicam,
todos os dias,
por sentir qualquer outra coisa que não angústia,
se não amam
e não espreitam —
mesmo quando
estão atrás de mim —

por que, então,
enterrar os mortos tão fundo?

À Terra de Minha Alma & Revisitando Bois

À terra de meu corpo
viajo à noite
quando tudo é esboço
e paisagem é mancha de nanquim contra papel negro
e eu deduzo cerca
e pomar
e gado
e casolas seculares
e famílias extensas
e vendinhas à beira da estrada
e desvios ignorados
e tantos outros mundinhos que
ao escolhermos viajar
dispensamos em prol de um
apenas por uma familiaridade vaga
um desejo de ser bem recebidos
— o que, supomos, não aconteceria se por distração ou rebeldia virássemos
uma direita qualquer

Entre a terra de meu corpo e a terra de minha alma há dezenas de outras
uma caralhada de chão asfaltado
outro tanto que nunca verá asfalto
milhares e milhares e milhares de pessoas abstratas
até que se pare para pensar nelas
[não acontecerá com frequência, porque é desesperador]
consideremos, somente
que são anos

e anos
e anos
de gente pavimentando caminho para nós
e que também tudo o que deixamos para trás está ali
porque alguém o colocou ali
e que "alguém"
neste caso
não faz jus a uma vagueza particular
mas a um conjuntivo
trata-se dum número tão grande
tão grande
de gente envolvida
que é mais fácil singularizar

Igualmente
como se cada uma fosse um universo criado por seu Deus particular
e todas as edificações e manifestações de vida surgissem assim
pela vontade divina
sem que se questionasse a necessidade de sua existência
as cidades
os vilarejos
as fazendinhas
os musseques
enfim
os aglomerados
quaisquer que sejam
parecem sempre ter estado em seus devidos lugares
ocupando vazios que não poderiam ser ocupados por qualquer coisa
que não gente
vontade
e pedra empilhada

E me pergunto
a cada noite em que os atravesso
se estou voltando ou se estou fugindo

ou se à angústia se contrapôs
na verdade
o desejo
igualmente esboço
de ir só para ter a paz desta terra à qual voltar

ou se
numa rebeldia infantil
pura birra
viajo à noite só para me privar do prazer sádico de vê-la ficar para trás

Nenhuma ou Dez-mil Línguas

I.

Percival —
diante de um rei impotente
carregado por corpos enlutados
pelas masmorras de uma fortaleza rendida
em um reino infértil
— senta à mesa posta —
sim, posta
de carnes e frutas e grãos
pútridos –
nada questiona
silencia e vê chorar
e nada resolve
e nada restaura
— porque não sabe o que perguntar

II.

o que eu sei da paixão
me veio à força
não como epifania
— como assalto
— e não sei mais do que isso
porque fala
a paixão
em dez-mil línguas

mas escolhesse qualquer uma delas
tampouco discerniria
o que que quero saber

III.

dez-mil línguas
e no entanto
eu e você
só nos entendemos em silêncio

IV.

Percival —
à sorte dos segredos
internos
e exteriores —
caos a priori —
com ternura
mais do que com compaixão
torna ao rei
e vendo-o sangrar
indaga

— o que te feriu?

V.

caos
a priori
porque o que eu entendo por
quase nunca é

— e concluí que não há o que restaurar
— todos os impotentes
enlutados
famintos
e todos os reis
fui eu que inventei
— e quando Percival pode
enfim
beber do cálice sagrado
— quando resolve
e quando restaura —
descobre que era tudo fantasia

VI.

há
tão somente
uma única pergunta a se fazer
em dez-mil línguas:

— o que você quer [de mim]?

VII.

não há
tão somente
uma única pergunta a se fazer

Descer o Sol e Dar Raiz às Nuvens

quero
de inúmeras formas
o que é dizer
por inúmeras vezes
viver uma primeira vez

descer o sol e dar raiz às nuvens
ver o céu arroxear
me afogar em amarelo
lembrar
e esquecer conforme me lembro
          [memória é garantia de esquecimento e de existência]
amarrar as estrelas
cancelar semana que vem
fosse assim
não ficaria dúvida:
seria a única descrente
          [que pra me engolir já basta eu]
acredita?

já fui tão feliz
mas ninguém nunca nem viu
é como se não tivesse sido

pudesse
decomporia a lua

que pra desandar o mundo
já basta eu

Fim de tudo;

deixar esse livro ser publicado é deixar meu pai morrer.
    Quando o Leopoldo — editor, amigo e confidente — resolveu que o faria independentemente da minha vontade, a única coisa que eu pedi é que mantivesse algum anonimato meu. Não escrevi o que está aqui para ser publicado. Mas não soltá-lo é me manter cavando buracos, buscando a cova de meu pai.
    Seu corpo há muitos anos é ossada perpétua. Em algum momento eu lembro de pensar que teria sido melhor queimá-lo. Eu queria queimá-lo, recriá-lo; e no entanto ele precisou ser enterrado. E no entanto eu o queimo, ainda.
    Não sem ajuda, nunca sem ajuda.
    E à ajuda, eu agradeço.

Agradeço aos afetos que aportam e acolhem o meu desejo;
    aos meus irmãos, parceiros dessa travessia;
    a Leopoldo, Marcela, Marina, Daniel, Maurício, Luísa e todos os que me puxaram de alguma forma, tenha eu me dado conta ou não;
    à minha mãe, que não precisa entender;
    a quem morreu e entende;
    àquelas e àqueles que me guiam:

    Saravá. Laroyê.
    Muito obrigada.

Anna Kuzminska

Cara leitora, caro leitor

A ABOIO é um grupo editorial colaborativo.
Começamos em 2020 publicando literatura de forma digital, gratuita e acessível.
Até o momento, já passaram pelo nossos pastos mais de 250 autoras e autores, dos mais variados estilos e nacionalidades.
Para a gente, o canto é conjunto. É o aboiar que nos une e que serve de urdidura para todo nosso projeto editorial.
Valorizamos cada doação e cada apoio.
São as leitoras e os leitores engajados em ler narrativas ousadas que nos mantêm em atividade.
Nossa comunidade não só faz surgir livros como o que você acabou de ler, como também possibilita nos empenharmos em divulgar histórias únicas.
Portanto, te convidamos a fazer parte do nosso balaio!
Todas apoiadoras e apoiadores das pré-vendas da ABOIO:

Recebem uma primeira edição especial e limitada do livr
Têm o nome impresso nos agradecimentos de todas as cópias do livro
São convidadas a participarem do planejamento e da escolha das próximas publicações

Entre em contato com a gente pelo nosso site **www.aboio.com.br** ou pelas redes sociais para ser um membro ativo da comunidade ABOIO ou apenas para acompanhar nosso trabalho de perto!

E nunca esqueça: **o canto é conjunto.**

Apoiadoras/es

Este livro não seria possível sem as/os 84 apoiadoras e apoiadores da campanha de financiamento coletivo realizada entre os meses de agosto e setembro na plataforma Benfeitoria. A vocês, um grande obrigado da equipe Aboio.

Adolfo Penaforte da Silva
Adriana Kimura
Adriane Figueira
Ana Brawls
André Coelho Mendonça Eler
Antônio Carmo Ferreira
Armando Guinezi
Beatriz Maia do Carmo e Sá
Caio Girão Rodrigues
Caio Nogueira Zerbini
Caio Sayad
Carla Guerson
Carolina Ary Aguiar
Cíndila Bertolucci Batista
Calebe Guerra

Camilo Gomide
Daniel Giotti de Paula
Daniel Leite
Daniel Torres Guinezi
Denise Lucena Cavalcante
Diogo Cronemberger
Erlândia Ribeiro
Etevaldo Neto
Fábio Baltar
Flávia Gonzalez de Souza Braz
Francis Aline Marotta
Francisco Magalhães Monteiro Neto
François Claude Prado Boris
Gabriel Cruz Lima
Gabriel Monteiro Ponte

Gael Rodrigues
Georges Alphonse Prado Boris
Giovanni Ghilardi
Guilherme Giesta
Gustavo Moretti Duarte
Henrique Emanuel de Oliveira Carlos
Humberto Pio
Isabela Moreira
Isabela Otechar Barbosa
João Luis Nogueira Matias Filho
Julia Melo Soares
Julia Santalucia
Karina Aimi Okamoto
Kauan Santos Almeida
Laura Cardani
Laura Redfern Navarro
Laila de Albuquerque Moraes
Letícia Negresiolo
Leandro Ferrari
Lorenzo Cavalcante
Lucas Jordani de Andrade
Lucas Vasconcelos Silva
Lucas Verzola
Luísa Maria Machado Porto
Luiza Lorenzetti
Mauro Paz
Maurício Abbade
Marcela Roldão
Marco Bardelli
Mariana Bortolotti Capobiango
Marina Lourenço
Marjori Corrêa Mendes
Mateus Torres Penedo Naves
Maurício Bulcão Fernandes Filho
Mauricio Miranda Abbade
Morgana Kretzmann
Natalia Gladysh
Natália Pinheiro
Natália Zuccala
Paulo Scott
Pedro Torreão
Raimundo Lucena Neto
Rafael de Arruda Sobral
Renata Minami
Rodrigo Barreto de Meneses
Salma Soria
Samara Belchior
Sérgio Porto
Tayná Gonçalves Pinto
Thayná Facó
Valeska Alves-Brinkmann
Victor Prado
Vivian Pizzinga
Zhenghao Chen

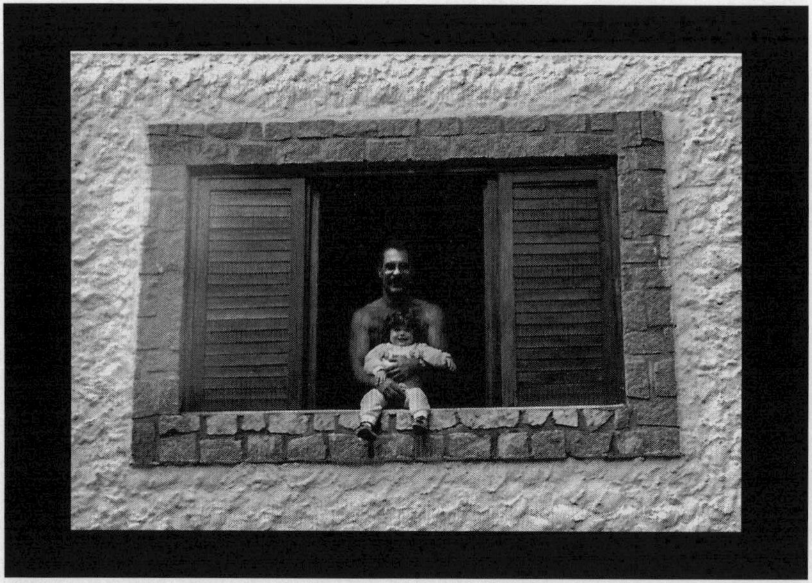

Sobre a Autora

Anna Kuzminska nasceu no Rio de Janeiro, cresceu em Teresópolis. É fotógrafa, escritora e poeta.

coleção
SARGAÇO

Sargaço é uma alga marinha escura que invade súbita e inesperadamente as praias latino-americanas. De um dia para o outro, a areia da praia acorda manchada, melancólica. Quando transbordam, só o tempo devolve os sargaços para as águas.

Ossada Perpétua inaugura a nossa **Coleção Sargaço**.

Tratando de temas sensíveis, a **Coleção Sargaço** trará títulos com uma proposta mais intimista, livros com discursos sobre isolamento, paranoia, tristeza e luto.

Acompanhe nossas redes para se manter atualiza sobre os próximos títulos da Sargaço!

Ossada Perpétua © Aboio
Copyright © 2022 Anna Kuzminska

Todos os direitos desta edição
reservados à Aboio.

Dados Internacionais de Catalogação na Publicação (CIP)
Bibliotecária Aline Graziele Benitez — CRB 1/3129

Kuzminska, Anna 1993 —
    Ossada Perpétua / Anna Kuzminska. São Paulo:
    Aboio, 2022. 120 p. (Coleção Sargaço)

ISBN 978-65-998350-0-1

1. Ficção brasileira I. Título II. Série.

| 22-119959 | CDD B869.3 |

Índice para catálogo sistemático:
1. Ficção: Literatura brasileira

[2022]
ABOIO
São Paulo — SP
www.aboio.com.br
facebook.com/aboiolivros
instagram.com/aboio___/
twitter.com/aboio___/

Esta obra foi composta em Adobe Text. A impressão da capa é no verso do cartão Supremo Alto Alvura 250g/m² e o miolo está no papel Polén Natural 80g/m². A tiragem desta edição foi de 250 exemplares feitas pela Edições Loyola

[Primeira edição, outubro de 2022]